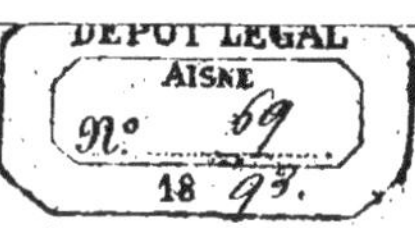

LA STATUE DE RACINE
A LA FERTÉ-MILON

ESSAI SUR LES STATUES A L'ANTIQUE

Texte et dessins

PAR

Frédéric HENRIET

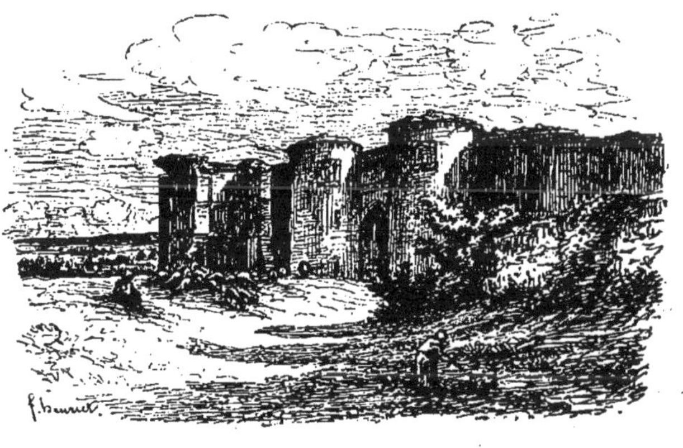

Chateau-Thierry. — Imprimerie Lacroix
26, Rue Saint-Martin, 26

1893

LA

STATUE DE RACINE

À LA FERTÉ-MILON

LA STATUE DE RACINE
A LA FERTÉ-MILON

ESSAI SUR LES STATUES A L'ANTIQUE

Texte et dessins

PAR

FRÉDÉRIC HENRIET

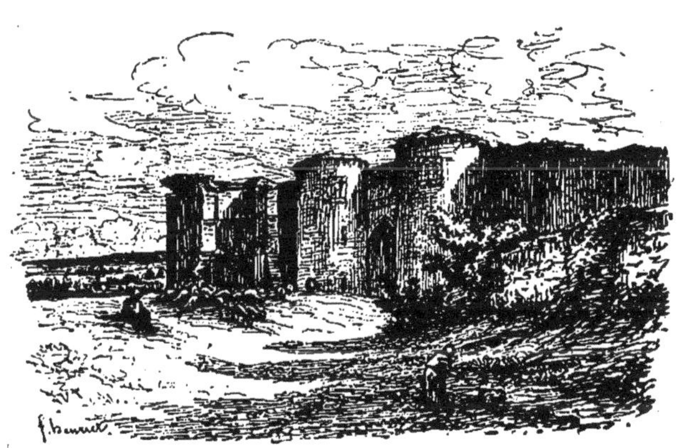

CHATEAU-THIERRY. — IMPRIMERIE LACROIX
26, Rue Saint-Martin, 26

1893

Extrait
des *Annales de la Société Historique et Archéologique*
de Château-Thierry.

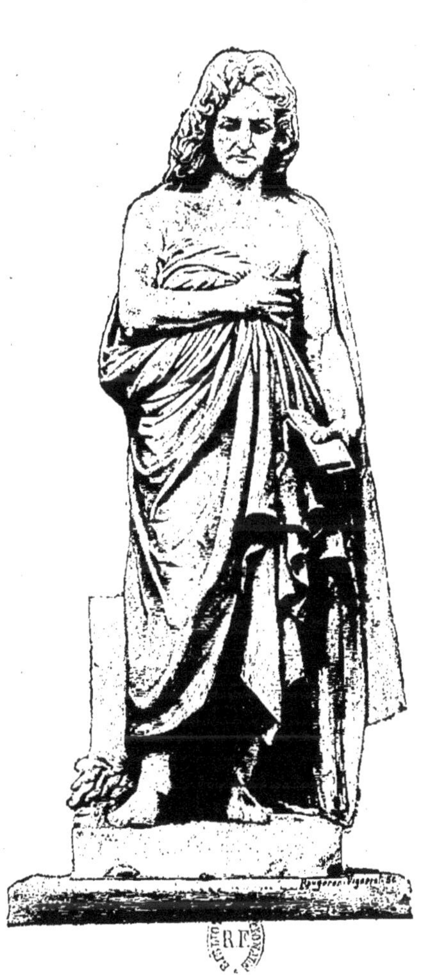
Rougeron Vignerot Sc.

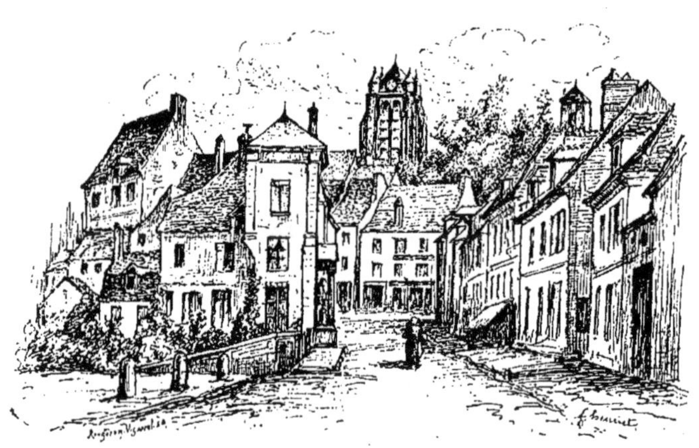

I

Le voyageur qui descend de wagon à La Ferté-Milon et s'engage dans le faubourg de la Chaussée pour se diriger vers la ville, est frappé du pittoresque tableau qui s'offre à sa vue. Laissant à sa gauche la tour de l'église Saint-Nicolas flanquée de ses quatre tourelles de guet, il passe devant un de ces vieux logis à porte basse encadrée de pilastres et d'une archivolte en bossages qu'a si bien décrits Balzac dans les « Scènes de la vie de Province. » C'est le presbytère.

Presqu'en face, voici l'hôtel du Sauvage et son enseigne un peu trop explicite qu'une potence en fer projette fort avant dans la rue pour mieux attirer l'attention du passant. Le fait est qu'il est difficile de ne pas voir, côté pile ou côté face, le bonhomme en costume préhistorique qui se balance, tout fier de s'être mis en règle avec les bienséances au moyen d'un léger emprunt à la treille voisine. Un barbouilleur du cru a fraîchement repeint ce fantoche, grossièrement sculpté en plein bois, d'un joli ton de chair qui éclate au soleil et il a consciencieusement avivé d'une pointe de vermillon les articulations, les coudes, les genoux et jusqu'à certaines parties charnues soumises, elles aussi, — paraît-il, — à cette particularité physiologique.

Bientôt le voyageur arrive à l'endroit où la rivière d'Ourcq et le canal ouvrent une large tranchée dans la double ligne de maisons qui bordent l'artère principale du pays. C'est le point où le tableau se compose le mieux dans l'heureuse perspective de ses lignes. Vous avez, devant vous, la ville en amphithéâtre, couronnée par les ruines imposantes du château, les arbres séculaires de son esplanade et la belle tour carrée de l'église Notre-Dame, de style flamboyant additionné d'éléments renaissance.

Au premier plan, à gauche, vous apercevez une construction d'aspect froid et mesquin, simple façade sans profondeur; c'est l'Hôtel de Ville. Au milieu de ce placage qui n'est pas sans quelque prétention architectonique, s'élève un petit édicule à fronton triangulaire que supportent deux colonnes d'ordre dorique. L'architecte qui l'a construit semble être allé chercher ses inspirations dans quelque nécropole. Sous cet abri d'un goût funèbre se dresse une statue que nous prendrions volontiers, à la distance où nous sommes, pour celle d'un héros de la Grèce ou de Rome; mais déjà nous avons reconnu à ses nobles traits empreints de douceur, à sa perruque flottant sur les épaules, le glorieux enfant de La Ferté-Milon : Jean Racine.

C'est l'œuvre du célèbre David d'Angers. Le statuaire a représenté le poète, drapé à l'antique, debout, la tête un peu penchée en avant, dans l'attitude de l'homme qui médite. Près de lui s'élève un cippe où sont gravés les titres de ses principaux ouvrages et sur lequel brûle une lampe allumée, symbole des longues veillées laborieuses. De sa main gauche, le poète tient un manuscrit déployé et de sa droite, il ramène sur sa poitrine les plis serrés de la draperie.

Ce geste assurément très sculptural a été mal interprété par les commentateurs. Il n'exprime pas un sentiment de pudeur, car ce serait souligner la nudité du poète ; ce n'est pas non plus une précaution contre le froid, car la chlamyde y perdrait de sa noblesse pour prendre aussitôt des faux airs de peignoir. Le statuaire va nous donner lui-même l'explication de sa pensée. Nous lisons, en effet, dans les notes autographes de David d'Angers publiées par M. H. Jouin secrétaire-général de l'école des Beaux-Arts (1) :

« Racine pose la main sur son cœur, parce que c'est de ce foyer que sont sorties les pensées qui ont fait de lui le digne interprète de l'amour tragique. J'ai cherché à indiquer sur les traits la mélancolie rêveuse qui particularise les poètes.

« Ceux qui ont étudié la physiologie savent que le caractère moral d'un homme se laisse lire depuis les cheveux jusqu'au bout des pieds. Corneille ne dut pas avoir les membres dessinés comme ceux de Racine. Le premier m'apparaît grand et nerveux ; Racine de taille moyenne et souple ; aussi ai-je cherché à indiquer par la douceur des formes « le tendre Racine. »

« J'ai voulu compléter cette peinture du caractère par la souplesse des étoffes. A l'âpre Corneille, j'eusse fait une

(1) David d'Angers, sa vie, son œuvre, par Henri Jouin ; Paris, Plon et Nourrit, 1878, 2 vol. in-8°.

draperie plus sévère ; cependant ma statue de Racine offre sur le côté gauche de grands plis, et je les crois de nature à rappeler l'austérité de la tragédie. »

Ce souci de mettre des intentions jusque dans le pli d'un vêtement, dans une boucle de cheveux, montre à quel point le statuaire approfondissait ses ouvrages. Que le public n'entre pas dans cet ordre de subtilités, nous le comprenons sans peine ; malheureusement le sens élevé de l'œuvre lui échappe aussi trop souvent, car il juge superficiellement, selon l'esprit du moment, sans se placer dans les conditions et le milieu où travaillait l'artiste. C'est ainsi que les touristes, les archéologues, les historiens, qui ont écrit sur La Ferté-Milon, reprochent tous au statuaire d'avoir représenté Racine dans le trop simple appareil que l'on connaît. Ils se livrent à de faciles plaisanteries à propos de ce grec du temps de Périclès coiffé de la perruque de Louis XIV.

Que ces anachronismes ne soient pas du goût de tout le monde, d'accord ; mais les doctrines artistiques et littéraires qui régnaient en 1827 admettaient, approuvaient même cette façon d'idéaliser les grands génies dont s'honore l'humanité. Ce n'est pas la faute du statuaire si l'esthétique a changé depuis lors. — Elle change d'ailleurs tous les vingt ou trente ans. — Lui-même eût peut-être compris tout autrement son sujet un quart de siècle plus tard, lorsqu'ayant rompu avec les influences d'école subies dans la jeunesse, il devint novateur à son tour. Mais ce dont les historiens de La Ferté-Milon ne paraissent pas s'être aperçus, c'est qu'ils avaient sous les yeux un chef-d'œuvre et que si la statue a été conçue sous l'empire de théories qui n'ont plus cours, elle n'en est pas moins un des monuments les plus parfaits de la statuaire au XIXe siècle.

M. Henri Jouin, l'historien de la sculpture française, nous apporte ici son témoignage autorisé :

« Exquise d'atticisme, la figure de Racine exhale moins d'héroïsme que de tendresse. Les formes pleines disent la maturité du génie. Les lignes harmonieuses dont les draperies et le nu respectent l'équilibre sur tous les points, la discrétion du geste, le silence de la pose, éveillent une idée de grandeur, de perfection, de politesse. Un descendant de Périclès devant le marbre nommerait Euripide. (David d'Angers, sa vie, son œuvre. Tome Ier, p. 272.) »

Né à Angers, le 12 mars 1788 (1), Jean-Pierre David, avait vingt-neuf ans lorsque le gouvernement de Louis XVIII lui commanda la statue de Racine sans programme formel ni destination précise. David était dans toute la ferveur de ses enthousiasmes classiques. On croyait alors, — et l'idée n'était certes pas sans grandeur, — on croyait exprimer avec plus de force l'idée d'immortalité en dégageant les personnages contemporains de toutes les circonstances contingentes d'âge, de temps et de costume pour les transporter dans les espaces lumineux qu'Homère et Virgile nous dépeignent comme le séjour des héros et des poètes. Cette théorie devait séduire les statuaires, heureux de revenir au nu, considéré comme la plus haute expression du beau. Il était donc tout naturel que David payât son tribut aux idées de son temps. Il trouva ingénieux de faire de Racine le contemporain d'Euripide et d'identifier en quelque sorte en une seule effigie les deux génies que la postérité s'est plu à rapprocher.

Vers la même époque, David, plein d'ardeur pour l'étude du nu, s'efforça de traduire, dans la statue du petit tambour « Bara » les formes graciles de l'adolescence, et dans le « Philopœmen » les chairs déprimées du vieillard. Chargé, vers 1826, du monument à ériger par souscription au général Foy, dans le cimetière du Père La Chaise, il le représenta debout, demi nu, dans l'attitude de l'orateur. Même dédain de la vérité contingente dans le mausolée du général vendéen Bonchamps. David nous le montre se soulevant sur son tombeau et se dégageant de son linceuil

(1) Date relevée sur l'acte de naissance et de baptême de la paroisse de Saint-Maurille d'Angers.

pour demander la grâce des soldats républicains faits prisonniers par ses partisans.

Ces deux compositions allient dans une mesure parfaite, la recherche de l'idéal antique avec l'expression de la vie moderne. Elles furent néanmoins discutées, notamment par le critique le plus redouté d'alors, Gustave Planche qui, du reste, n'approuva pas davantage le parti adopté par l'artiste pour la statue de Racine. Mais il ne faut pas prendre au pied de la lettre ces jugements trop exclusifs qui enfermeraient à toujours le statuaire dans la reproduction du costume contemporain. David a d'ailleurs prévu et réfuté d'avance ce reproche quand il a dit : « Le costume du temps eût fait de Racine l'homme d'une époque tandis que son génie le fait l'homme de tous les siècles. »

David représente encore à l'antique l'acteur Talma : mais ici il n'y avait pas à hésiter. La toge et le cothurne s'imposaient. Le célèbre tragédien ne s'incarne-t-il pas pour nous dans les rôles qu'il a si supérieurement interprétés ? Cette statue de marbre exposée au salon de 1837, orna pendant quelques années le jardin des Tuileries avant de passer au théâtre Français où elle est à sa véritable place.

David ne s'attarda pas longtemps à cette poétique transcendante que le romantisme traitait de convention académique et battait vigoureusement en brêche au nom de « la couleur locale. » Son goût du vrai le ramena vers le costume exact. Le Corneille, de vingt ans postérieur au Racine (salon de 1849), porte l'habit de son temps un peu arrangé dans un manteau. D'ailleurs David poursuivait une idée grandiose qui devint l'objectif constant de tous ses efforts. Convaincu désormais que l'artiste doit refléter le milieu social dans lequel il a vécu, il se donna à tâche de fixer, pour la postérité, par le marbre ou le bronze, tous les personnages illustres de l'époque. Il voulut réaliser, en le vulgarisant au profit de tous, le vaste programme qu'il déploya au fronton du Panthéon : « Aux grands hommes, la Patrie reconnaissante. » Pendant trente ans, il soutint ce rôle avec une ardeur infatigable, et c'est ainsi qu'il nous laissa cette admirable collection de bustes et de médaillons où la plupart des célébrités contemporaines sont venues prendre place, et que nous qualifierons d'un mot en l'appelant le Panthéon David-d'Angers.

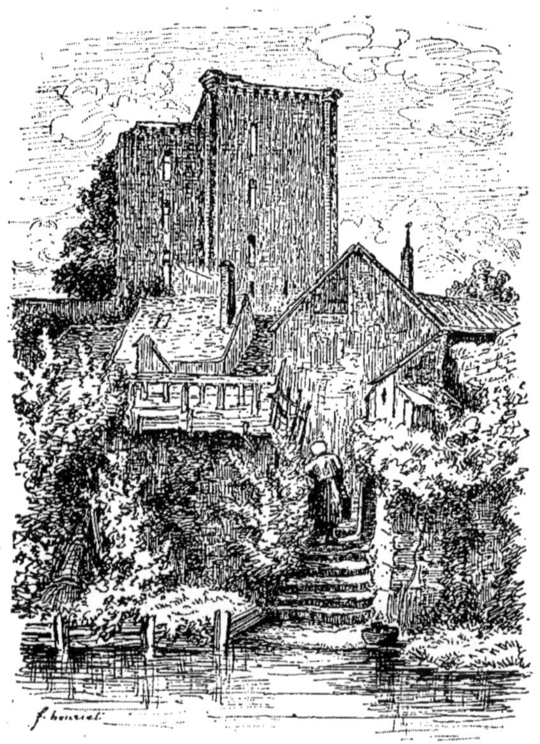

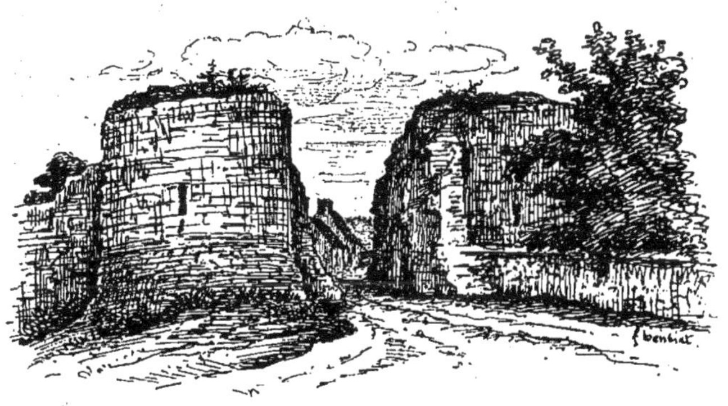

II

La question du nu appliqué à la statue de contemporains semble aujourd'hui définitivement tranchée. Le nu a quelque chose de choquant aussitôt qu'il cesse de traduire des formes générales pour prendre un caractère individuel. Nous acceptons la nudité d'Apollon, d'Ajax, de Vénus parce qu'elle exprime une idée abstraite de force ou de beauté; nous l'admettons encore quand il symbolise, sous une forme concrète, le Travail, l'Éloquence, la Musique; mais si nous avons devant nous une figure douée d'une personnalité précise, le nu frise aussitôt l'inconvenance ou le ridicule aux yeux de la foule trop peu cultivée pour comprendre ces sortes d'apothéoses, et de plus en plus inclinée vers la vérité littérale et l'exactitude matérielle.

C'est de l'Italie, au XVIe siècle, avec le néo-paganisme de la Renaissance, que nous vint le goût de représenter les personnages contemporains vêtus à l'antique, et parfois même dans l'absolue nudité des dieux de l'Olympe. C'est ainsi que Jean Goujon fit resplendir, sur une fontaine du château d'Anet, la beauté sans voile d'une Diane chasseresse qui n'était autre que la belle duchesse de Valentinois; car nous savons tous, aussi bien qu'Actéon, comment s'y prenait la déesse pour courir d'un pas plus léger à travers bois et vallons. Germain Pilon donne à Guillaume du Bellay (cathédrale du Mans) le costume d'un chef de légion romaine. Girardon a traité dans la manière héroïque le Louis XIV équestre qu'on érigea sur la place Vendôme, dite alors place Louis-le-Grand, et dont le Louvre ne possède que quelques débris et le modèle réduit.

Il nous reste également la réduction en bronze de la statue équestre de Louis XV exécutée par Bouchardon pour la place de la Concorde (ancienne place Louis XV) et un unique fragment qui donne une idée des proportions du monument.

Nicolas Coustou ne se contenta pas, comme Bouchardon, de revêtir le roi de la pourpre des Césars. Il poussa l'adulation jusqu'à l'assimiler au maître des dieux, à Jupiter lui-même avec qui il avait au moins un point de ressemblance: le goût immodéré des aventures galantes.

Guillaume Coustou suivit l'exemple que lui donnait son frère Nicolas. Il fit de Marie Leczinska, une Junon, non point impérieuse et fière selon la tradition, mais douce et modeste, qui reçoit la couronne de France des mains de l'Amour; tendre allégorie qui dût faire plus d'une fois soupirer la pauvre reine dans les jardins du grand Trianon, d'où cette jolie statue émigra, ainsi que la précédente, en 1850, pour venir au Louvre. Toutes ces capricieuses évocations d'antiquité prenaient d'ailleurs, sous le ciseau des charmants artistes de l'époque, les élégances affinées et le cachet propre du siècle « des jeux et des ris. »

Il n'était pas alors de princesse ou de grande dame qui ne se fît reproduire dans l'appareil sommaire et néanmoins coquettement chiffonné d'une nymphe, d'une muse ou d'une déesse. C'est ainsi que Coyzevox représenta la duchesse de Bourgogne, très court vêtue, avec les emblêmes de Diane; et les peintres d'alors, les Nattier, les Natoire, les La Fosse, les Coypel, etc., s'empressèrent à l'envi de faire figurer leurs belles clientes dans cet olympe galant.

Enfin Louis David vint, qui mit fin aux aimables débauches d'un art qui avait le tort de prêter un peu trop de sa grâce et de son esprit aux casques rébarbatifs, aux rudes corselets et aux solennelles draperies du vestiaire antique.

Louis David embrassa avec ardeur les idées de la Révolution qui prétendait s'inspirer des exemples de Sparte et de Rome, et s'efforça d'en formuler l'expression esthétique. Il remit en honneur les Grecs et les Romains et rendit au costume antique sa simplicité sévère et ses rigidités marmoréennes; mais comme il appliqua à la peinture des théories qui conviennent surtout à la statuaire, c'est sur celle-ci peut-être que son influence fut le plus salutaire. Beaucoup des meilleures productions de la sculpture de la première moitié de ce siècle, — et notamment notre Racine — doivent quelque chose à ses fortes doctrines; mais son école immédiate, ses élèves directs tombèrent vite dans le « poncif. » La statue de Hoche que l'on voit au palais de Versailles, en bas de l'escalier des ambassadeurs, montre où conduisent ces formules interprêtées par des artistes de second ordre que n'anime plus la foi des novateurs. L'auteur de cette œuvre médiocre, datée de Rome 1808, Milhomme, a planté la tête casquée de Hoche, tête aussi peu individualisée que possible sous prétexte d'idéalisation, sur un corps quelconque drapé selon les rites académiques. C'est le dernier mot de ce que l'on appelle aujourd'hui « l'art pompier. »

Chaudet, un statuaire de plus haute volée que Milhomme, a été mieux inspiré dans la statue de Napoléon Ier en empereur romain qu'il exécuta pour la colonne Vendôme. Cette belle œuvre, détruite en 1815, remplacée en 1833 par le « petit caporal » en redingote grise de Seurre aîné, a été rétablie en 1855 par Dumont, l'auteur du Génie de la Bastille. S'il est du reste une figure des temps modernes qui prête à l'épopée, assurément c'est celle de Napoléon Ier. A la gloire du conquérant, au génie du législateur, il joignait la tête d'un César, et son profil de médaille antique induisait fatalement les artistes en tentation d'apothéose.

Canova, qui avait déjà représenté la belle princesse Pauline Bonaparte en Vénus victorieuse et sa sœur Elisa en Polymnie (je n'affirmerais pas qu'elles n'ont point posé) ne crut pouvoir moins faire que de tailler dans le marbre un Napoléon nu, comme les statuaires de la vieille Rome avaient coutume de représenter les Césars. Venu une première fois à Paris en 1802, il modela à Saint-Cloud la tête du Premier Consul et exécuta, en Italie, d'après ce document et sur une échelle exceptionnelle, une statue qui ne fut parachevée qu'en 1812. Elle arriva à Paris au moment où déjà la fortune semblait trahir celui qui l'avait si longtemps domptée. Aussi déroba-t-on prudemment à tous les yeux l'œuvre de Canova dans une salle basse du Louvre où les alliés la trouvèrent en 1815. Wellington s'en empara et l'emporta triomphalement à Londres. Jamais capitaine victorieux s'adjugea-t-il dépouilles opimes plus flatteuses!

Cette statue mesurait cinq mètres de hauteur. Napoléon tenait dans sa main droite le monde surmonté d'une victoire. La ressemblance du visage était aussi fidèlement conservée que le permettaient ces dimensions surhumaines; mais le statuaire a donné à son auguste modèle, qui était de taille petite et replète, des proportions irréprochables qui s'éloignent manifestement de la vérité. Peut-il être d'ailleurs question de vérité dans ces sortes d'ouvrages ! Toute statue nue comporte une part inévitable de mensonge. C'est une nécessité du genre, car il faut généraliser les formes dans le sens du type supérieur de la beauté abstraite au lieu de les particulariser ; à plus forte raison lorsque l'artiste sort des proportions normales de la nature.

Canova exécuta une répétition en bronze de cette statue colossale qui orne, à Milan, la cour du palais Bréra (musée des sciences et des arts). Il est fort heureux qu'il nous ait laissé un double de son ouvrage, car l'œuvre originale, qui nous a été enlevée en 1815 par les Anglais, n'existe plus. Elle aurait été dressée, paraît-il, comme un trophée de victoire, sur un îlot voisin des côtes britanniques où les intempéries l'ont peu à peu rongée et détruite. L'effigie du héros avait trouvé, elle aussi, son île de Sainte-Hélène.

L'Angleterre elle-même, malgré son rigorisme proverbial, subissant la mode régnante, essaya de glorifier par les procédés en usage son héros national Wellington. Il existe à Londres une statue à l'antique du vainqueur de Waterloo, érigée en 1822, près d'une des portes de Hyde-Park donnant sur Piccadilly. C'est une œuvre des plus médiocres pour laquelle le statuaire Sir Richard Westmacht s'est inspiré d'une des figures du monument dit de Castor et Pollux de la place Monte-Cavallo à Rome.

Ce qui a lieu d'étonner davantage, c'est qu'un sculpteur de nos jours, M. Mathieu-Meusnier, imagina lui aussi de représenter l'empereur Napoléon dans une nudité olympienne. C'était vers 1852. L'étoile des Bonaparte se levait de nouveau à l'horizon. Le jeune artiste, peu connu encore (1), qui se sentait du talent et de l'ambition, était bien excusable de risquer cette invite à la fortune. Le coup lui réussit mal. L'artiste fut autorisé à exposer, à titre d'essai, le plâtre de sa statue au centre de la place

(1) La belle statue de Laïs, du jardin des Tuileries, qui révéla au public le nom de M. Mathieu Meusnier, date du salon de 1850.

Vintimille, au grand déplaisir des habitants du quartier que cette exhibition scandalisait fort. Les ladies qui s'aventuraient dans ces parages pressaient le pas et détournaient la tête avec des schoking éplorés. L'édilité parisienne fit planter autour du demi-dieu, pour dissimuler un peu sa... divinité, un massif d'arbustes parmi lesquels se trouvait un saule rapporté du tombeau de Sainte-Hélène. On projetait une inauguration officielle et le square devait s'appeler Square Saint-Hélène. Mais « adieu veaux, vaches, cochons, couvée ». Un incident ridicule renversa toutes les espérances du pauvre statuaire. Un matin de carnaval, le gardien du square, — un vieux médaillé de Saint-Hélène — trouva la statue de « son empereur » badigeonnée d'enluminures grossières par des loustics irrévérencieux. Le malheureux statuaire fit retirer sans bruit le héros maculé et, de dépit, brisa son œuvre dans son atelier. La place resta vide jusqu'au jour où l'on y érigea la statue en bronze de Berlioz, par Alfred Lenoir, qui fut inaugurée le 17 octobre 1886. Berlioz est là chez lui, ayant passé une partie de sa vie rue de Calais 4, où il est mort le 8 mars 1869.

Les statues entièrement nues de personnages contemporains sont heureusement fort rares, car elles blessent à la fois la pudeur et le bon goût; mais ces considérations de bienséances n'étaient pas pour arrêter Pigalle dont l'humeur indépendante tenait peu de compte des préjugés. C'est le cas de rappeler la fantaisie macabre qu'il se permit à l'égard de Voltaire. Les collaborateurs de l'Encyclopédie, d'Alembert, Diderot et autres, ayant demandé à l'illustre auteur du mausolée du maréchal de Saxe une statue de leur idole, l'artiste partit pour Ferney, méditant tout le long du voyage une œuvre digne du fameux philosophe qu'il ne connaissait pas encore, et que son imagination se plaisait à grandir; mais en voyant son modèle, Pigalle eut une étrange déception. Ce vieillard étique, agité, névrosé, comme on dit aujourd'hui, les muscles de la face incessamment crispés par un tic démoniaque, le désillusionna à ce point qu'il fut vivement tenté de décliner l'honneur de transmettre les traits du grand homme à la postérité. D'où lui vint alors le singulier caprice dont il s'avisa? Vit-il là une occasion unique de se livrer à une de ces savantes études anatomiques qui étaient dans ses goûts? Toujours est-il qu'il déclara vouloir faire Voltaire à l'état de nature ou y renoncer. Il fallut bien que le patriarche de Ferney en passât par là. Pigalle reproduisit avec un art achevé les moindres rides et les dépressions séniles de ce corps sexagénaire. C'est admirable, au point de vue de l'art, mais horrible à voir. On relégua la statue du « singe de génie » comme dit Victor Hugo, à la bibliothèque de l'Institut où elle est encore.

Ce fut Houdon, le brillant élève de Pigalle, qui eut l'honneur de laisser à la postérité le portrait type de Voltaire, que nous avons tous admiré, sous le péristyle du théâtre Français, assis sur une sorte de chaise curule, enveloppé comme d'un ample linceuil, les mains appuyées aux accotoirs du siège, dans un geste familier aux vieillards. Jugeant, comme son maître Pigalle, que les tibias décharnés, le corps affaissé du philosophe manquaient absolument d'étoffe sculpturale, et persuadé en même temps que Voltaire était tout entier dans son visage plein de fiel et de malice, il n'a pas cru diminuer la portée de son œuvre en faisant appel à l'artifice des draperies pour donner plus d'assiette à sa statue. Ce chef-d'œuvre, daté de 1776, est antérieur de deux années à la mort du célèbre écrivain.

Pajou n'avait pas les mêmes excuses que Houdon lorsque, dans la statue en marbre de Buffon destinée à la galerie zoologique du Museum d'Histoire naturelle, il nous exhiba le grand naturaliste nu jusqu'à la ceinture, les jambes empêtrées dans une lourde couverture de laine; car Buffon avait grand air et belle prestance, et nous préférerions le voir dans la tenue élégante et soignée qui lui était habituelle, avec ses manchettes légendaires, plutôt qu'affublé d'un linge quelconque sous prétexte d'incarner la Science glorieuse et triomphante. Le statuaire est d'autant moins pardonnable qu'il conçut et exécuta son œuvre du vivant du modèle et qu'il pouvait par conséquent nous laisser un document historique du plus haut intérêt. Il a cru, comme on disait, élargir son sujet; mais on voit par l'exemple de Milhomme et de Pajou où mènent ces visées ambitieuses avec des artistes médiocres qui s'essouflent à vouloir faire grand. La moindre parcelle de vérité ferait bien mieux notre affaire. Nous avons aujourd'hui l'amour du renseignement exact, la passion du document, et comme nous sommes toujours excessifs dans nos revirements, — c'est un des travers de l'esprit humain et particulièrement de notre tempérament national — après avoir abusé des Grecs et des Romains, sous l'influence de Louis David, nous les traitons à présent avec un mépris injuste, sans distinguer entre les chefs-d'œuvre, comme notre statue de Racine, et les productions sans caractère nées de cette esthétique désormais vidée.

Est-ce à dire que les orientations nouvelles de la statuaire la mettront à l'abri des réactions que provoquent les écoles vieillies? Déjà nous voyons poindre l'écueil qui la menace : la vulgarité. La statuomanie qui sévit de nos jours nous y conduit tout droit. Parmi les bronzes de pacotille qui peuplent jusqu'à nos moindres carrefours, et qu'érigent des comités de politiciens ou des cénacles de brasseries, moins pour honorer leurs morts que pour les exploiter, combien en est-il qui sortent un peu de la banalité? Le statuaire bâcle son œuvre, car il faut être prêt pour l'inauguration dont la date est imposée par des calculs électoraux ou autres. Les derniers échos des discours officiels ne se sont pas éteints dans la rumeur confuse des faits quotidiens, que, déjà, le public passe indifférent, sans s'inquiéter même de son nom, devant le nouveau grand homme en paletot de la Belle Jardinière qui, du haut de son piedestal, sert désormais de point de ralliement aux moineaux dans la verdure d'un square, ou remplit l'office de « refuge » au centre de quelque place... Ainsi passent ces célébrités d'occasion que le bruit intéressé mené autour d'elles, tire pour quelques jours seulement de l'oubli. Mais, qu'importe! Les malins ont ramassé quelque chose dans l'affaire, — mandats, palmes ou rubans — et le tour est joué. L'art n'a rien à voir dans tout cela.

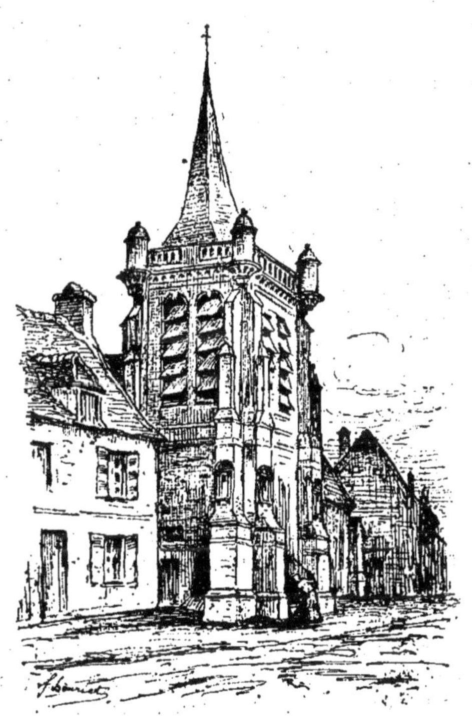

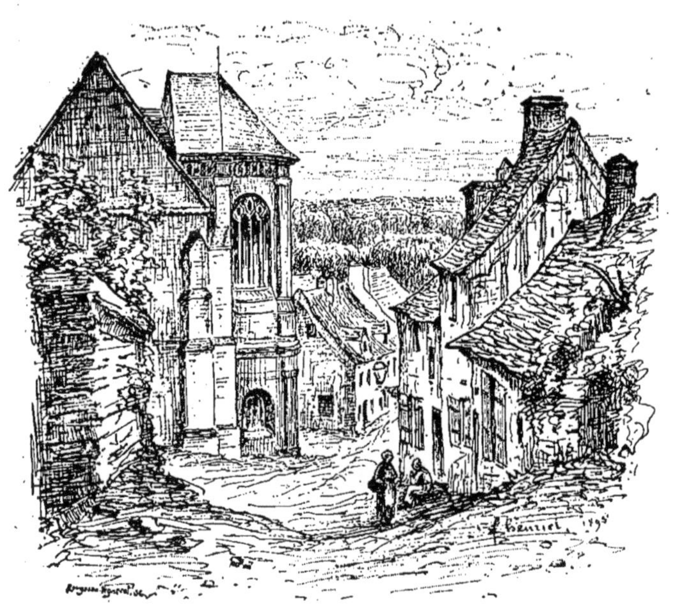

III

Les esprits cultivés acceptent facilement les anachronismes voulus qui aident l'artiste à donner à son œuvre une signification générale et symbolique; mais ces transpositions de lieux et d'époques dérouteront toujours la foule qui est « simpliste » — comme on dit dans le joli langage d'aujourd'hui — et n'entend rien à ces subtilités. En voici un exemple topique. Je le recueillis précisément pendant que je prenais des notes devant la statue de Racine en vue du présent travail. Un originaire de La Ferté, flatté dans son amour-propre de clocher, de voir un étranger s'intéresser aux curiosités du pays, décrivit autour de moi un mouvement tournant d'une tactique savante. Puis se rapprochant insensiblement dans l'évidente intention de lier conversation, il voulut bien enfin mettre son érudition locale à mon service : « Vous vous demandez sans doute pourquoi l'on a représenté Racine » comme cela? Je vais vous le dire. Racine est mort d'un » chaud-froid qu'il a attrapé un jour en se baignant dans » l'Ourcq. Le sculpteur nous le montre s'essuyant au sortir de l'eau et grelottant déjà la fièvre. Comme c'est » rendu! hein? C'est à s'enrhumer rien qu'en le regardant. »

De tout ce qu'il me raconta encore, je ne retins que ce commentaire cocasse de l'œuvre du grand statuaire. Donnez-vous donc la peine de viser si haut pour voir ainsi travestir votre pensée!

Je n'ai pas besoin de rappeler que Racine mourut à Paris, dans sa maison des marais Saint-Germain (aujourd'hui rue Visconti) le 21 avril 1699, âgé de cinquante-neuf ans, à la suite d'une maladie hépatique dont il ressentit les premières atteintes en 1698, et qui se caractérisa bientôt par une tumeur dont l'issue fatale ne pouvait tarder; mais la légende, accréditée dans les couches populaires par la statue de David d'Angers s'implanta au mépris de la vérité historique, et certains habitants de La Ferté sont vraiment excusables de s'y tromper. Avec leur bon sens pratique, ils cherchent un rapport logique entre les circonstances accessoires de la statue et la vie du poëte. Ils ne peuvent comprendre cette convention admise dans les régions académiques qui consiste à déshabiller les grands hommes pour les mieux glorifier. Ils s'obstinent à trouver une raison plausible là où il n'y a qu'un simple jeu de lettrés. C'était au fond le sentiment de David lui-même, et il est permis de croire qu'il se fût sans doute plus préoccupé de se mettre à la portée de « son public » s'il avait connu dès l'origine le sort réservé à sa statue. Il ne faut pas oublier, en effet, que le roi Louis XVIII commanda ce travail à l'artiste, retour de Rome, à titre d'encouragement, sans prononcer sur son emploi ultérieur et sans restreindre en aucune façon la liberté du statuaire (1). Celui-ci s'est donc livré entièrement à son inspiration, sans autre souci que de se satisfaire lui-même, et de conquérir le suffrage des connaisseurs. Déjà, par anticipation, il voyait sa statue occuper une place de choix dans un musée ou un palais. Aussi n'apprit-il pas sans un profond désappointement que l'administration des Beaux-Arts en disposait en faveur d'un petit bourg — pas même un chef-lieu de canton — perdu dans le Valois. Il eut peine à se résigner à cet exil d'une œuvre si fortement pensée, si amoureusement caressée ; et si des circonstances indépendantes de sa volonté contribuèrent à reculer à des temps si éloignés la cérémonie d'inauguration, car la statue offerte à La Ferté-Milon, au nom du roi, à la suite du salon de 1827, (2) ne fut érigée que six ans plus tard, — on peut croire que l'artiste ne fit rien pour les abréger, au contraire, puisqu'il alla jusqu'à manifester des inquiétudes sur la bonne qualité du marbre donné par l'État et pour lequel il redoutait l'action des intempéries. Voici la lettre qu'il écrivit à ce sujet, le 13 avril 1828, au maire de La Ferté :

Monsieur le maire,

Je viens d'apprendre, au ministère, que la statue de Racine est arrivée à destination. Comme je n'ai pas encore entendu parler de l'inauguration (je le crois bien ! elle devait avoir lieu cinq ans plus

(1) C'est le 12 mars 1819, par un seul et même arrêté, que furent commandées à David et à Laitié les statues de Racine et La Fontaine.

(2) Le modèle en plâtre avait été exposé au Salon de 1824 et la maquette ou projet, à celui de 1822.

tard!!) je pense qu'il est encore temps de vous écrire pour vous donner mon avis sur la conservation de cette statue. Si vous la destinez à la décoration d'une place publique, il serait indispensable de lui faire un abri; car cette qualité de marbre se détruit bien promptement à l'air. Excusez-moi de la liberté que je prends, et veuillez, etc.

DAVID, statuaire,
Rue de Vaugirard, 20.

Cette lettre nous confirme dans la conviction que David avait conçu son œuvre pour l'intérieur d'un édifice. La question qu'il y soulève a fourni d'ailleurs à la municipalité un excellent prétexte pour faire traîner les choses en longueur. Celle-ci avait obtenu du Conseil général, dans sa session de 1828, une subvention de 4.000 francs pour faire face aux dépenses d'installation de la statue. La Comédie Française, sollicitée, avait promis une représentation au bénéfice du monument, qu'elle racheta au moyen d'une souscription ferme de 1.000 francs. C'est alors que l'édilité fit démolir la tour de la mairie (1829) et fit construire en son lieu et place la façade de l'Hôtel de Ville actuel contre laquelle elle appuya le petit édicule qui abrite la statue. — M. Maugras, architecte, contrôleur des travaux des forêts de la couronne et des canaux de Paris, fut chargé de l'opération.

D'autres causes d'ajournement surgirent encore. La révolution de juillet vint changer le cours des idées. Il fallut acclamer les trois glorieuses, chanter la Parisienne, jouer à la Garde nationale. Puis on traversa l'année funèbre du choléra. On n'avait pas le cœur aux congratulations optimistes. Ce ne fut donc qu'en 1833 que l'on songea à en finir et à retirer le marbre de la caisse où il avait séjourné six ans.

David avait fait une première apparition à la Ferté en décembre 1832 pour se rendre compte de l'état des travaux. Il profita pour cela d'un voyage qu'il dut faire à Armentières, en dépit de la mauvaise saison, pour voir une dernière fois son vieil ami Augustin Dupré ancien graveur général des monnaies de France pendant la période révolutionnaire. David écrit à ce propos, à ses amis de l'Anjou, Louis et Victor Pavie :

« Nous n'avons pu assister à la première représentation » du « Roi s'amuse », où notre Hugo a été si cruellement » traité par la critique. Nous étions, Emilie (1) et moi, à » Armentières, dans le département de l'Aisne, où j'allais » faire le médaillon du célèbre Dupré, graveur en mé- » dailles. Il était bien temps que j'arrivasse; car le pauvre » artiste est mourant. »

Il était temps en effet. Augustin Dupré mourut le 30 janvier 1833, âgé de quatre-vingt cinq ans.

David a modelé cette tête de vieillard d'un pouce magistral. Il en a rendu, avec une largeur et une souplesse rares, les chairs affaissées et molles, l'œil encaissé et comme perdu sous la proéminence des sourcils en broussaille, les longues mèches de cheveux flottant sur ce crâne sénile; mais l'homme moral n'existe déjà plus, et la valeur artistique de l'œuvre de David dépasse de beaucoup sa portée physiognomonique (2). Heureusement nous possédons une effigie plus suggestive. C'est le buste exécuté par le filleul de Dupré, Augustin Dumont. Quoique cet ouvrage, daté de 1833, ait été fait sans doute après le décès de Dupré, il le représente dans la force de l'âge. L'intimité qui unissait le filleul et le parrain nous est déjà une garantie de ressemblance. Dumont s'est aidé aussi d'un portrait au pastel qui nous montre Dupré de face, coiffé d'un large chapeau à cocarde tricolore. Nous avons vu, chez un petit-fils de Dupré, une copie de ce pastel qui rappelle un peu l'esprit

(1) Émilie Maillocheau que David épousa le 30 juillet 1831, était, par sa mère, petite-fille de La Reveillère-Lepeaux.

(2) Ce médaillon, dont on peut voir un exemplaire dans une vitrine du musée Carnavalet, a été reproduit planche 18 du vol. : « Les médaillons de David d'Angers, » réunis et publiés par son fils Robert David. Paris, Lahure, 1867.

et la manière de Ducreux. Dumont a fidèlement reproduit le front carré, le nez camard, l'œil malicieux, la bouche rieuse qui donnent à la physionomie de Dupré un singulier accent de gaieté, de franchise et de volonté.

Ce buste a été coulé en bronze. Nous l'avons cherché en vain à l'Hôtel des monnaies, au cabinet des médailles de la Bibliothèque nationale, au musée de Saint-Etienne; mais nous en avons vu le modèle en plâtre chez M. Thomas, statuaire, membre de l'académie des Beaux-Arts, qui, en prenant possession, à l'Institut, de l'atelier de feu Dumont, y trouva cette épave oubliée. Nous signalons ce document précieux, unique, et fragile à M. le Directeur des Beaux-Arts. Ce serait rendre un juste hommage, et d'un indéniable à-propos, à l'éminent artiste de la période révolutionnaire que de faire fondre une épreuve en bronze de ce plâtre voué, dans un temps plus ou moins prochain, à une destruction certaine, pour l'offrir, soit au Musée de Saint-Etienne, ville natale de Dupré, soit au Musée Carnavalet qui possède déjà en grande partie l'œuvre du célèbre médailleur, ses coins, poinçons, monnaies et dessins, cédés par ses héritiers à ce vaste dépôt municipal. Ce sont encore par parenthèse ces mêmes coins qui servent aujourd'hui à frapper les monnaies de la troisième république, et il faut être bien abandonné de la Fortune pour n'avoir pas dans sa poche quelque spécimen sonnant du talent de Dupré, sous la forme de la pièce de cent sous dite « à l'Hercule » ou du « Génie de la Constitution » qui orne l'avers de nos pièces de vingt francs.

Jaley dont le père était le compatriote, l'ami et l'élève de Dupré, a fait aussi un médaillon pour le tombeau du vieux graveur; mais par suite de péripéties que nous racontons plus loin, ce médaillon n'a pu recevoir sa destination. Un exemplaire est, croyons-nous, resté dans la famille, et un autre figure au Musée de Saint-Etienne.

Charles Blanc dans la notice qu'il a lue à l'académie des Beaux-Arts, le 26 octobre 1870, affirme que Dupré est mort à Armentières, sans préciser quel Armentières (il y en a cinq en France). Sur la foi de David d'Angers, (relire sa lettre à son ami Pavie citée plus haut) nous avions cru qu'il s'agissait de notre Armentières. Il ne nous déplaisait pas de voir le célèbre auteur des monnaies de la République finir ses jours dans une localité placée dans le champ d'étude de notre société et dans ce département de l'Aisne où naquit deux siècles auparavant, à Sissonne, près Laon, son illustre homonyme Guillaume Dupré, graveur en médailles des rois Henri IV et Louis XIII. Nous nous demandions s'il n'y avait pas quelque lien de filiation entre les deux artistes, encore que le pays d'origine d'Augustin Dupré, né à Saint-Étienne (Loire), ne laissât pas grande probabilité à cette supposition. Peut-être l'acte de décès allait-il nous donner quelques indications intéressantes à ce sujet; mais il n'y a pas trace de cette pièce dans les archives de la commune d'Armentières, Aisne. David d'Angers nous aurait-il égaré sur une fausse piste? Aurait-il pris le département de l'Aisne pour celui de Seine-et-Marne et confondu l'Armentières du canton de Neuilly-Saint-Front avec l'Armentières du canton de Lizy-sur-Ourcq qui sont l'un et l'autre peu distants de La Ferté-Milon? C'est en effet ce qui est arrivé, et la pièce que nous produisons en appendice tranche définitivement la question. C'est l'acte de décès relevé sur les registres de la commune d'Armentières, Seine-et-Marne. On y verra qu'Augustin Dupré est décédé dans sa propriété, dite le Château, ancienne maison de plaisance des archevêques de Paris, déclarée bien national, et vendue comme tel, le 31 mars 1793, au profit d'Augustin Dupré, moyennant le prix de 124,900 livres, prix qui semblerait énorme, si les assignats n'eussent été là pour le ramener en fait à un chiffre plus raisonnable. Dupré a été inhumé, selon son désir, sur le petit domaine où il avait vécu ses dernières années. Malheureusement ses fils ne purent le conserver, et lorsqu'ils le revendirent en 1836 à M. Isidore Tripier, avocat à la cour d'appel de

Paris, les restes du vieil artiste furent transférés dans le cimetierre communal, transformé lui-même aujourd'hui en jardin public (1) (*).

Voilà une bien longue digression à propos d'un simple médaillon. Comme le chasseur se jette dans les halliers à la poursuite du gibier qui le fuit, nous nous sommes écarté de notre route, entraîné par le désir d'élucider un point qui nous échappait. Nous prions le lecteur de nous pardonner ce détour qui nous a permis de redresser une erreur géographique qui prêtait à de fâcheuses confusions, et de combler une regrettable lacune de l'éloge académique de Charles Blanc (2). Elle ne nous éloigne pas beaucoup d'ailleurs de notre sujet. Augustin Dupré et David étaient de vieux amis que liaient étroitement la confraternité artistique et plus encore la communauté des opinions. Tous deux étaient des républicains de vieille roche, également jaloux d'échapper aux sujétions des devoirs mondains. Avec son humeur un peu ombrageuse de démocrate, David fuyait obstinément les cérémonies et les personnages officiels. Il se décida pourtant à assister à l'inauguration de la statue de Racine qui eut lieu le dimanche 29 septembre 1833, avec le programme habituel de ces sortes de fêtes : détonations de boîtes, haies de gardes nationaux, feuillages, drapeaux, lampions et banquet. David a consigné les impres-

(1) Notice historique et statistique sur Armentières et Isles-les-Meldeuses par L. Benoist, membre de la Société Archéologique de Seine-et-Marne, etc... Meaux, imprimerie Destouches 1888.

(*) Le château d'Armentières est actuellement la propriété de M. Subert, beau-frère de M. Alaine, de Mâry-sur-Marne.

(2) Un cousin d'Augustin Dupré, né comme lui à Saint-Étienne et qui porte le même nom, a la noble ambition de marcher sur les traces de son glorieux ancêtre.

M. Georges Dupré, élève de MM. Thomas et Roty, a débuté au Salon de 1893 (Champs-Élysées) par l'envoi de deux plaquettes en acier repoussé, d'après Fragonard, et vient d'obtenir le deuxième second grand prix de Rome pour la gravure en médailles.

sions qu'il rapporta de cette cérémonie dans les notes autographes conservées dans sa famille où nous lisons :

« De toute la pompe déployée à La Ferté pour l'inaugu-
» ration de Racine, une seule chose m'est demeurée dans le
» cœur, et a bien vite effacé l'impression toute de surface
» qu'avait faite sur moi les compliments empesés des au-
» torités, les acclamations auxquels fut mêlé mon nom
» devant un grand peuple assemblé ; ce sont les paroles
» d'une pauvre vieille femme qui est venue me complimen-
» ter bien simplement sur ma statue. »

Le lecteur s'expliquera facilement cette boutade quand nous lui aurons présenté le bouquet de fleurs de rhétorique que nous avons cueillies dans le procès-verbal de la cérémonie. Ce fut M. Nérat de Lesguisé, Sous-Préfet de Château-Thierry, remplaçant M. Arnauldon, Préfet de l'Aisne empêché, qui la présida.

Le maire de la Ferté-Milon, général comte Dumas de Polart, (de la Grand'maison) grand officier de la Légion d'honneur, ouvrit la série des discours par une allocution qui du moins a le mérite d'être courte. Puis M. Ymbert, propriétaire à Marizy-Sainte-Geneviève et maire de cette commune prend la parole. C'est le morceau d'apparat. Sous couleur de modestie, l'orateur se demande ce qui peut lui valoir l'honneur de prendre la parole dans ce « jour solennel », et ce lui est une occasion d'énumérer complaisamment ses titres, tout en les tenant pour insuffisants. Sont-ce ses ouvrages scientifiques, son opposition au gouvernement déchu, son dévouement au régime nouveau ? Il n'oublie rien.

Il entre ensuite dans le cœur de son sujet et trouve, dit il, « trois hommes dans Racine, le poète, le dévot et le courtisan. » Il fait payer un peu cher au dévot et au courtisan les éloges qu'il prodigue au poète. Qu'eût pensé Racine de ce panégyriste qui pénètre avec effraction dans le domaine réservé de la conscience et prétend juger les hommes du grand siècle de l'ordre et du respect avec les idées du nôtre ?

L'exemple du studieux élève de Port-Royal, dont le génie se nourrit de fortes études, amène l'orateur à la question, plus que jamais à l'ordre du jour, de la diffusion de l'instruction : « Voulez-vous, dit-il, que les populations » des campagnes prennent place aux fauteuils de vos élec- » tions ? donnez leur avant tout un banc à l'école. »

M. Ymbert revient quelques lignes plus loin sur la même idée : « Aux accents d'une voix qui appelle l'instruction sur » nos campagnes, je crois voir, Messieurs, s'animer cette » statue de Racine qui ne dut lui même sa gloire qu'à l'ins- » truction. »

Mis en goût d'actualité, M. Ymbert passe de la statue de Racine à la statue du « petit caporal » récemment réédifiée sur la colonne et qui passionne bien autrement ses auditeurs :

« C'est sous ce roi sympathique aux affections popu- » laires, toujours prêt à s'associer au vœu national, que » nous devions retrouver du bronze pour le génie de Ma- » rengo. »

M. Ymbert termine par le compliment de rigueur à David d'Angers, et M. Nérat de Lesguisé, Sous-Préfet de Château-Thierry prend la parole (1).

M. Nérat a laissé le souvenir d'un administrateur bienveillant et paternel à qui nous aurions mauvaise grâce de reprocher de n'être pas un orateur, car c'était bien la dernière de ses prétentions. Il a malheureusement voulu hausser un peu le ton pour la circonstance comme on va en juger par les extraits qui suivent :

« Depuis un siècle et demi que Corneille et Racine sont » plongés dans le tombeau, le trône de Melpomène a été » occupé par d'autres hommes sans rien effacer de

(1) M. Ymbert a publié son discours d'inauguration de la statue de Racine en une brochure imprimée à Paris, chez Dupont, en 1833.

» leur gloire. Rassurons nous, Messieurs, de nouveaux » génies s'élèveront sans doute. Les grands hommes sont » reproduits par les grands honneurs que l'on décerne à » ceux qui ne sont plus; et le marbre qui va transmettre à » la postérité les traits du grand Racine fera naître d'autres poètes. La patrie des Racine, des La Fontaine ne » s'effacera jamais de l'Europe etc. »

Après l'allusion obligée à la statue de la colonne Vendôme que « l'on doit au monarque que la nation a élevé sur le pavois », le bon M. Nérat déclare, après mille autres, que « la France est la terre de prédilection de la liberté; » il conclut « que l'homme, né libre, a rompu les liens qui » l'enchainaient », (il n'attendait sans doute que la révolution de juillet pour cela) et que « les privilèges et les préjugés ont fait place, pour toujours, au Génie et au talent. »

Que nous en avons entendu de ces vains oracles de l'optimisme officiel! Autres temps, mêmes rengaines. Il n'y a que le galimatias qui change. Combien de harangues, applaudies aujourd'hui, paraitront dans cinquante ans aussi ridées et vieillottes!

M. Pelet de la Lozère, député de Blois et grand propriétaire dans le canton de Villers-Cotterets a dit une pièce de vers soi-disant improvisés et qui n'ont même pas cette excuse. Un employé des postes de Villers-Cotterets, retenu à son bureau, a fait lire par un ami une sorte d'amplification, où il est question « des cent bouches de la renommée » et autres nouveautés. Après quoi, escomptant la présence espérée du duc d'Orléans, il adresse à Racine cette prosopopée qui recule les bornes de la flatterie, et méritait bien quelqu'avancement à son auteur.

« O grand homme! Ta gloire n'est-elle pas comblée par » la présence d'un prince qui... d'un prince que... d'un » prince instruit sur les mêmes bancs que nos frères... »

On sait que les fils du roi Louis-Philippe firent leurs études au collège Henri IV. Malheureusement l'effet fut raté. Le duc d'Orléans ne vint pas.

Tel est le bilan de cette journée où la préoccupation de l'actualité politique fait trop souvent perdre de vue aux orateurs l'objet essentiel de la fête.

Dans une lettre à son ami et compatriote Louis Pavie, David dit encore : « J'avoue que j'ai éprouvé du plaisir à » revoir ma statue, et que je m'applaudis d'avoir délivré » mon héros de la friperie de l'époque..... »

Sa joie de revoir son œuvre après une si longue séparation est telle que son cœur de père n'en veut rien désavouer. Il ne se demande plus si elle est plus ou moins bien appropriée à sa destination présente. Elle est là devant lui, jeune, belle, triomphante, comme le jour où son génie lui donna à jamais la vie et la pensée. Elle est vraie aussi de cette vérité supérieure qui est la poésie même, et il ne regrette rien, sûr qu'elle ira plus loin et plus haut que le modeste Hôtel-de-Ville de campagne auquel elle n'est peut-être pas liée indissolublement.

Et pourquoi non? Tout le monde s'accorde à reconnaître que la sereine atmosphère d'un musée conviendrait mieux au Racine de David d'Angers que les promiscuités de la rue. D'autre part les habitants de La Ferté ne semblent pas l'avoir apprécié à sa valeur. Ils auraient aimé voir leur compatriote revivre au milieu d'eux dans l'habit de son temps, dans la lumière et la verdure de la jolie promenade, plantée de tilleuls, qui règne entre le canal et la rivière, et non adossé piteusement à la muraille, comme s'il craignait que sa draperie, insuffisamment étoffée, ne lui permît pas de quitter décemment sa place.

Dans ces conditions, pourquoi l'Etat ne s'arrangerait-il pas pour rentrer en possession de ce marbre? Il pourrait donner en échange le Racine de Boizot qui est à Versailles ou le Racine assis et composant dont le modèle en plâtre a été exposé au Salon de 1888 par M. Allouard, l'auteur du Molière mourant que l'on admire dans le vestibule du théâtre de l'Odéon, ou tout autre que l'on commanderait à nouveau (1), — ce ne sont pas les sculpteurs de talent qui manquent. Puisqu'on considère plus que jamais, dans notre société utilitaire, les tableaux et les statues comme un moyen d'enseignement à l'usage des masses, on mettrait du moins une image exacte sous les yeux du public, et nous n'entendrions plus les bonnes gens de la Ferté propager des contes à dormir debout où le prestige du poète n'a rien à gagner.

Il nous coûte de paraître conclure contre la ville de la Ferté-Milon; nous n'entendons pas toutefois que cette combinaison lui soit préjudiciable. Il y aurait lieu de la part de l'Etat à de justes compensations. Outre la statue nouvelle qui ferait très bonne figure au centre de la place verte, près de la rivière d'Ourcq le long de laquelle l'auteur de Phèdre et d'Athalie aimait à promener son rêve, la Ferté trouverait encore un autre avantage à cette transaction qui aiderait la commune à réédifier son hôtel de ville sans trop accabler les contribuables de centimes additionnels.

Les habitants de La Ferté-Milon se prêteront volontiers à cet échange lorsqu'on leur aura exposé les raisons de cette mesure conservatoire. Ils ne nous ont pas attendu d'ailleurs pour formuler leurs *desiderata* à l'égard de la statue de leur grand poète et il y a beau temps qu'ils sont hantés de l'idée de son déplacement.

Il en a été une première fois question en 1844. L'administration des Ponts-et-chaussées qui avait autorisé la ville de la Ferté à prendre 1 mètre 50 de terrain sur la route royale pour l'établissement de la statue, ne tarda pas à regretter cette concession. Elle proposa au Conseil munici-

(1) Cette statue devait occuper le fond de la galerie des bustes, au foyer du théâtre Français; mais la place a dû être donnée à la George Sand de Clesinger, offerte par la famille de l'illustre écrivain.

Le Racine d'Allouard, resté par suite sans emploi, est, il est vrai, de dimensions un peu trop exiguës pour une statue de plein air; mais il serait facile d'en agrandir les proportions en exécutant le marbre.

pal de transporter à ses frais le pauvre Racine, à deux pas, sur le bloc disposé pour le recevoir, au-dessus de la pile centrale du pont de l'Ourcq. La mesquinerie de ce socle que l'on peut voir encore, son effet disgracieux en « porte à faux », son peu d'élévation qui eut mis la statue à la portée des ivrognes et des gamins, frappèrent le Conseil municipal qui demanda formellement le maintien du *statu quo*; en quoi, il fut très heureusement inspiré, car le remède eût été pire que le mal; et c'est alors surtout que le malheureux poète, émergeant de la rivière, eut prêté le flanc aux lazzis et aux légendes grotesques.

L'idée du déplacement de la statue n'en continua pas moins à faire son chemin. Tout le monde tomba définitivement d'accord pour souhaiter sa translation sur le mail ou place verte. Dans les premiers mois de l'année 1870, M. Ferrand, Préfet de l'Aisne, s'était montré très favorable à ce projet. On croyait toucher au but. Une souscription fut ouverte où figurent les noms de MM. Deviolaine, Encelain, Barbet etc.; mais la guerre survint et l'argent de la souscription qui s'élevait à la somme de 3.500 francs alla à des besoins plus pressants.

Le projet n'en a pas moins été repris avec ardeur, il y a quelques années, par un enfant de La Ferté-Milon, M. Duchesne, secrétaire général de la Société du canal de Corinthe; mais M. Duchesne, comme tous les autres promoteurs de cette louable entreprise, perd entièrement de vue les recommandations formelles de David qui, dans sa lettre citée plus haut et conservée aux archives municipales de la Ferté, — lettre trop oubliée dans la circonstance — déclare son marbre trop tendre pour subir sans dommage les injures du temps. C'est pour cela que nous voudrions voir la commune entrer en arrangement avec la Direction des Beaux-Arts. Celle-ci reprendrait pour un de nos grands musées la belle œuvre de David et la remplacerait par une autre statue de Racine d'une matière plus résistante et d'une conception moins métaphysique. Nul doute qu'en se plaçant sur ce terrain, M. Duchesne n'amène facilement le Conseil municipal et la Direction des Beaux-Arts à une entente, et n'ait la satisfaction de voir aboutir des efforts dont nous désirons tous le succès.

Ai-je besoin d'ajouter que la Ferté-Milon, même privée du chef-d'œuvre de David, offrira encore aux touristes assez de séductions pour les attirer et les retenir? Ne lui restera-t-il pas les curieux vitraux de l'église Saint-Nicolas où flamboient les terrifiantes visions de l'Apocalypse, le beau tableau attribué à Martin Freminet encastré dans les boiseries du banc d'œuvres : « Jésus et les petits enfants »; les verrières de l'autel de la Vierge et de Saint-Hubert, dans l'église Notre-Dame, son abside que Catherine de Médicis a fait bâtir, les ruines imposantes du vieux château, le magnifique bas-relief du couronnement de la Vierge, et avec tout cela, le voisinage de la forêt? Que de villes importantes envieraient à l'humble berceau de Racine ses richesses et ses souvenirs !

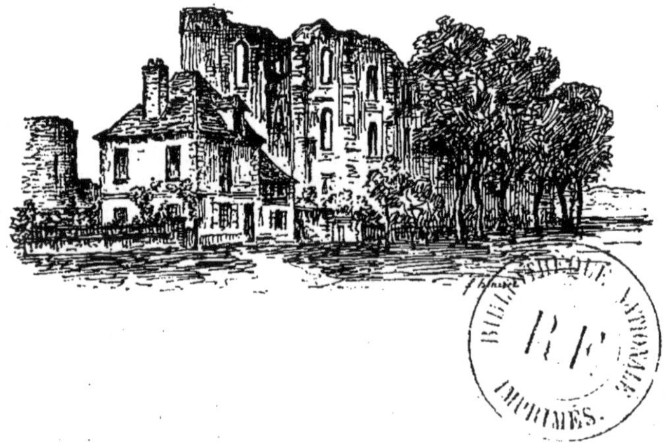

APPENDICE

§

EXTRAIT DU REGISTRE DES ACTES DE L'ÉTAT-CIVIL
DE LA COMMUNE D'ARMENTIÈRES (SEINE-ET-MARNE) POUR L'ANNÉE 1833.

L'an mil huit cent trente-trois, le trente-un Janvier, dix heures du matin, devant Nous Charlemagne-Victor-Auguste FARONDEL, maire de la commune d'Armentières, Officier de l'État-Civil de ladite commune, sont comparus messieurs Alexandre-Narcisse DUPRÉ, propriétaire, âgé de vingt-six ans, et Augustin-Appelles DUPRÉ, étudiant en pharmacologie, âgé de trente-deux ans, tous deux témoins majeurs demeurant à Armentières, lesquels Nous ont déclaré que monsieur Augustin DUPRÉ, propriétaire, ancien graveur général des monnaies de France, chevalier de la Légion d'honneur, âgé de quatre-vingt-quatre ans, né à Saint-Étienne, département de la Loire, demeurant à Armentières, époux de Reine-Joséphine-Sophie LOCHARD, sa femme, décédée, est décédé audit Armentières en son domicile appelé le Château, le trente Janvier présent mois à une heure après-midi, et ont les déclarants signé avec Nous le présent acte après lecture faite y *ont signé au registre :* N. DUPRÉ; A. DUPRÉ et FARONDEL, *maire*.

Pour copie conforme,

Armentières, le 11 Avril 1893

Le maire,

Comte L[s] de CLERMONT-TONNERRE

Imprimerie LACROIX, rue Saint-Martin, 26 — Château-Thierry.

TABLE DES VIGNETTES

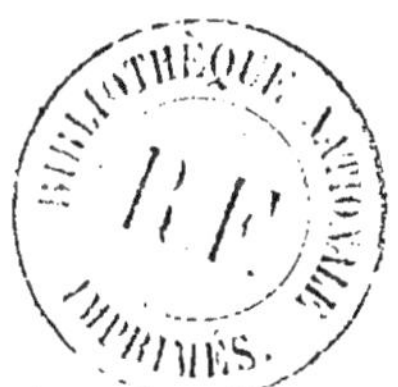

www.ingramcontent.com/pod-product-compliance
Ingram Content Group UK Ltd
Pitfield, Milton Keynes, MK11 3LW, UK
UKHW022152170726
13837UKWH00004B/1937